어린이 기초 한자사전

        년   월   일

사랑런   에게

그림 풀이 중심
어린이
기초한자사전

2011년 2월 10일 2판 발행 / 2021년 8월 20일 2판 8쇄 발행
펴낸이 이용성 / 펴낸곳 담터미디어 / 등록 제1996-1호(1996.3.5)
마케팅 박기원 전병준 박성종 / 관리 홍진호
일러스트 박정욱 / 구성 편집부 / 디자인 wooozooo
주소 서울 중랑구 용마산로79길 35 / 전화 02)436-7101 / 팩스 438-2141
ISBN 978-89-8492-378-2 (71710)

*이 책의 저작권은 담터미디어에 있습니다. 무단 전재나 복제를 금합니다.

*여기에 실린 한자의 생성을 표현한 그림들은 모양을 본떠 만든 상형문자가 아니더라도
 아이들의 이해를 돕기 위해 알기 쉽게, 익히기 쉽게 하고자 의미를 둔 그림입니다.

그림 풀이 중심

기초 한자사전 어린이

담터미디어

한번쯤 아이들도 한자를 배워야 할까 하는
의문을 가져 본 부모님이라면, 초등학교에 다니고 있는 자녀를
둔 부모님이라면 아이의 한자 공부를 위해 어떤 좋은 교재가
있을까를 생각해 보셨을 겁니다. 그리고 나름대로의 잣대로
좋은 교재를 고르느라 심사숙고하셨으리라 여겨집니다.

한때는 고등학교 교과정 가운데 한자 학습 시간을 제외시켰던
적도 있었다고 하지만 요즘들어 부쩍 한자 학습을 강조하게
된 데는 그만한 이유가 있어서일 겁니다. 우리 생활 전반에 걸쳐
뗄래야 뗄 수 없는 것 가운데 한 가지가 바로 문자이며 그 문자가
갖는 의미를 이해하는 데 있어서 한자가 차지하는 영향력을
여러 가지 문명의 사회 생활 속에서 쉽게 접하게 됩니다.

한자는 제2의 외국어가 아닙니다. 이 책은 아이들이 한자를
익히는 데 있어서 보다 쉽고 재미있게 다가갈 수 있도록
그림으로 설명하고 있으며 한자를 익히는 데 꼭 필요한 필순도
꼼꼼히 수록하였습니다. 처음부터 한자를 어렵게만 생각하지 말고
쉬운 한자부터 차근차근 익혀 나갈 수 있도록 지도해 주세요.
어느새 아이의 한자 실력이 부쩍 늘어 있는 것을
발견하실 수 있습니다.

처음 한자를 접하는 아이에게

너무 많은 것을 한번에, 자세히 가르쳐 주려 하다 보면
한자를 이해하고 익히기는커녕 싫증내고 어려워하기 마련입니다.
한자를 쉽게 익히는데 있어서 중요한 것은 글자를 이루고 있는
획을 순서대로 쓰는 것과 그 한자를 구성하는 방법을 이해하는
것입니다. 한자 구성의 가장 기초적인 것은 물체의 모양을 보고
만들어 낸 문자화시킨 상형문자인데 아이들이 가장 쉽게
한자를 이해할 수 있는 단계라고도 할 수 있습니다.
그밖에도 점이나 선을 이용해 문자를 표현한 것도 있고
두 개 이상의 글자를 합쳐 새로운 글자를 만들어 내는 등
여러 가지 방법으로 한자가 만들어졌음을 설명해 줄 필요가
있습니다. 또 한자라는 것이 우리 일상생활과도 밀접하여
우리 말을 표현하는데 있어서 어떻게 쓰이고 왜 필요한지를
인지시켜 쉬운 한자부터 차근차근 익혀 나가도록 해야 합니다.
이런 방법으로 이 책 속에 들어 있는 기초한자를 매일매일
익혀 나가다 보면 어렵기만 한 한자가 아니라 재밌는 한자가 되어
아이는 어느새 한자신동이란 칭찬을 듣게 될 것입니다.

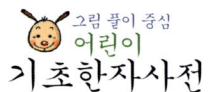
기초한자사전

한자능력 검정시험용 제8급 한자 50자

9

한자능력 검정시험용 제7급 한자 100자

111

한자로 된 낱말과 풀이

313

그림 풀이 중심 어린이 기초한자사전

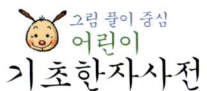

반대어와 상대어
347

그림 속 한자 찾기
363

찾아보기
378

그림 풀이 중심
어린이
기초한자사전

한자능력 검정시험용

제**8**급 한자

50자

학교 교

순서대로 따라 써 보세요. 총 10획

一 十 十 木 木 朴 杧 杧 柼 校

굽은 가지를 바로잡아 곧은 나무로 잘 자라게 한다는 뜻이에요.

가르칠 교

순서대로 따라 써 보세요. 총 11획

丿 乂 ㄨ 耂 耂 考 孝 孝 孝 教 教

회초리를 들고 엄하게 기본을 가르친다는 뜻이에요.

아홉 구

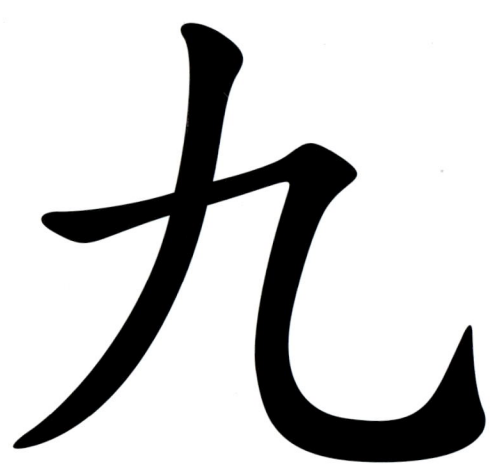

순서대로 따라 써 보세요.　총 2획

ノ 九

십(十)자를 변형시켜 하나를 구부려 아홉[九]을 타나냈어요.

나라 국

순서대로 따라 써 보세요.   총 11획

國 ➔ 國 ➔ 國

사방을 둘러싸 나라를 굳게 지킨다는 것을 나타냈어요.

군사 군

軍

순서대로 따라 써 보세요. 총 9획

丨 冖 冖 冖 冇 冒 冒 宣 軍

수레를 덮어 위장한 것을 나타냈어요.

쇠 금 · 성 김

순서대로 따라 써 보세요. 총 8획

ノ 人 人 仐 仐 仐 金 金

난 박씨

난 김 씨

땅 속에 묻혀 광을 내는 금을 나타냈어요.

남녘 남

순서대로 따라 써 보세요.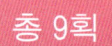

一 十 宁 内 内 南 南 南 南

十+冂+八+干 ➜ 南

열 명은 성을 지키고
여덟 명은 방패를 들고 남문을 지킨다는 뜻이에요.

계집 녀

순서대로 따라 써 보세요. 총 3획

ㄑ 夂 女

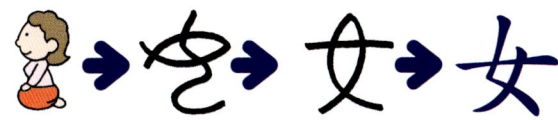

다소곳이 앉은 여자의 모습을 본땄어요.

해 년

순서대로 따라 써 보세요.   총 6획

丿 ㇒ ⺈ 匚 ㇏ 年

일 년 내내 농사지어 추수하는 농부의 모습을 본떴어요.

큰 대

순서대로 따라 써 보세요. 총 3획

一 ナ 大

몸을 크게 벌려 크다는 것을 나타내는 모양을 본떴어요.

동녘 동

순서대로 따라 써 보세요. 총 8획

一 厂 ㄇ 币 亘 車 東 東

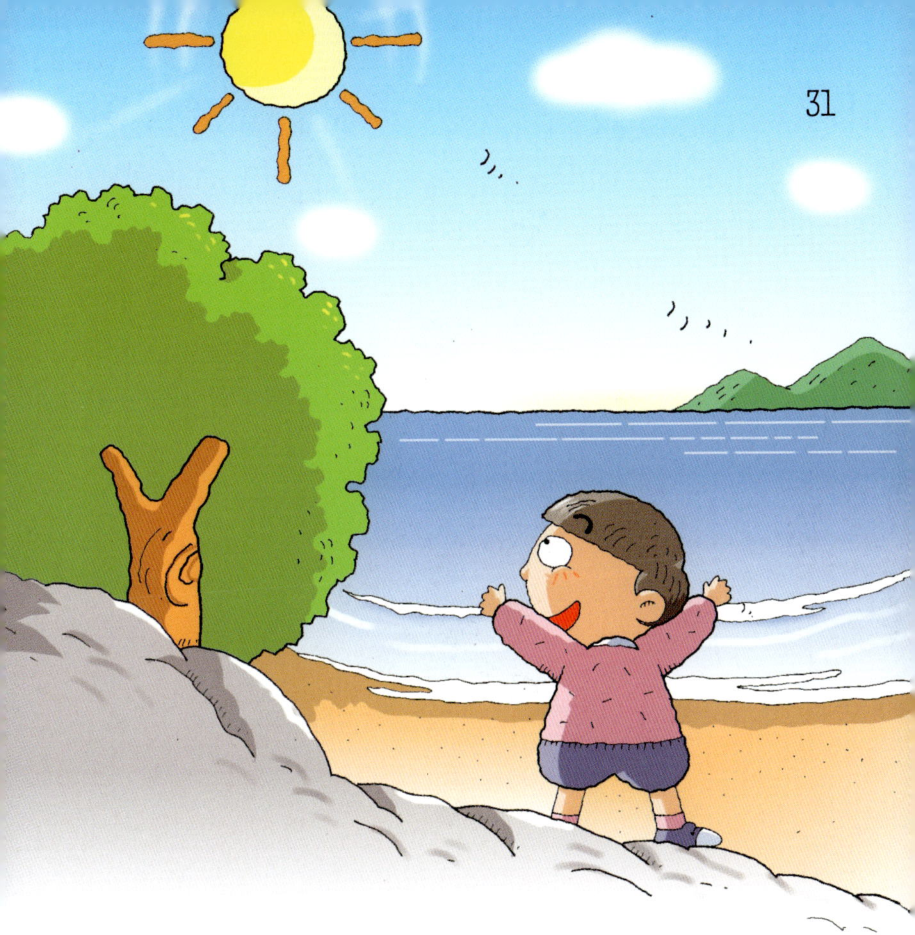

東

떠오르는 해가 나무에 걸려 보이는 모양을 본땄어요.

일만 만

萬

순서대로 따라 써 보세요.   총 13획

一 十 卄 艹 艹 苧 苩 苩 苩 苩 萬 萬 萬

艸 + 禺 ➜ 萬

풀밭에 원숭이들이 모여 있다는 것을 나타냈어요.
(아주 많다는 뜻이에요.)

어미 모

순서대로 따라 써 보세요.　총 5획

ㄴ ㄉ 乃 母 母

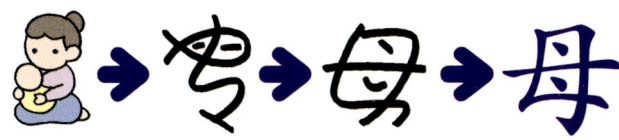

아기에게 젖을 물린 엄마의 모습을 나타냈어요.

나무 목

순서대로 따라 써 보세요. 총 4획

一 十 才 木

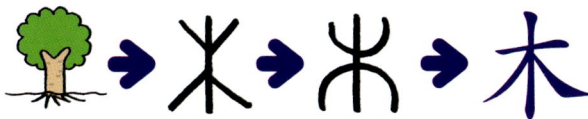

뿌리를 내리고 반듯이 서 있는 나무의 모양을 본땄어요.

문 문

門

순서대로 따라 써 보세요.   총 8획

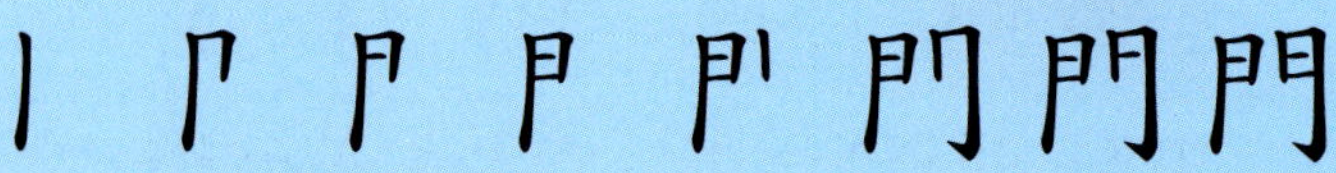

丨 冂 冂 冃 冃 門 門 門

양쪽으로 열리는 문의 모양을 본땄어요.

백성 민

순서대로 따라 써 보세요.   총 5획

フ ㄱ F F 民

一 + 氏 ➔ 民

여러 성씨 사람들이 모인 백성을 나타냈어요.

흰 백

순서대로 따라 써 보세요.　총 5획

′ ′ 白 白

햇살이 하얗게 빛나는 태양을 나타냈어요.

아비 부

순서대로 따라 써 보세요. 총 4획

ノ ハ ゲ 父

회초리를 들고 엄한 모습으로 아이를 훈계하는
아버지를 나타냈어요.

북녘 북 · 달아날 배

순서대로 따라 써 보세요. 총 5획

一 ㅓ ㅓ ㅓ 北

등을 맞댄 두 사람의 모습을 본땄어요.

넉 사

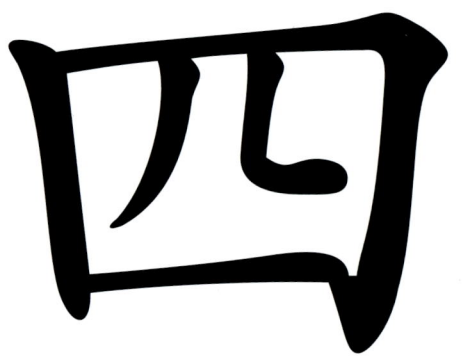

순서대로 따라 써 보세요.

丨 冂 冂 四 四

네 개를 나타낸 모양이에요.

뫼 산

순서대로 따라 써 보세요. 총 3획

丨 凵 山

산봉우리 모양을 본땄어요.

52

석 삼

순서대로 따라 써 보세요.　총 3획

세 개를 나타낸 모양이에요.

날 생

순서대로 따라 써 보세요.  총 5획

ノ ㅅ ㅅ 牛 生

땅속에서부터 싹이 터 나오는 것을 본땄어요.

서녘 서

순서대로 따라 써 보세요.   총 6획

一 一 一 丙 西 西

해질녘 둥지에 앉아 쉬는 새의 모습을 본땄어요.

먼저 선

순서대로 따라 써 보세요. 총 6획

丿 ⺊ 丄 生 牛 先

앞서 걷는다는 것을 나타냈어요.

작을 소

순서대로 따라 써 보세요. 총 3획

亅 小 小

흐트러진 조각들처럼 작은 모양을 나타냈어요.

물 수

순서대로 따라 써 보세요.　총 4획

亅 亅 水 水

흐르는 물의 모양을 본땄어요.

집 실

순서대로 따라 써 보세요.

`丶 丷 宀 宀 宊 宑 宯 宯 室`

집에 이르러 들어가는 방을 나타냈어요.

열 십

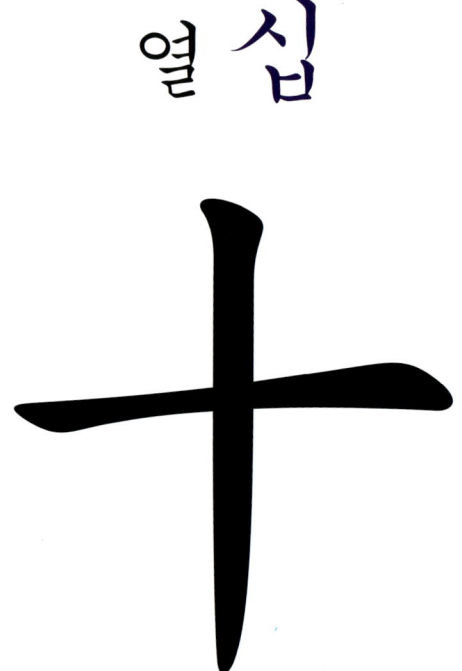

순서대로 따라 써 보세요.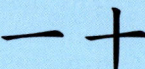

一 十

열 개를 나타낸 모양이에요.

다섯 오

순서대로 따라 써 보세요. 총 4획

一 丁 五 五

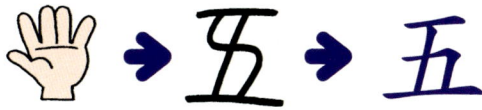

다섯 개를 나타낸 모양이에요.

임금 왕

순서대로 따라 써 보세요. 총 4획

一 二 千 王

天·地·人 +丨 ➔ 王

세 가지[三:天·地·人]를 다스리도록
하늘이 내린 사람을 뜻해요.

바깥 외

순서대로 따라 써 보세요.   총 5획

丿 ク 夕 夘 外

夕 + 卜 → 外

저녁[夕]과 점(占)을 나타내는 두 한자를 합쳐서 만들어졌어요.
(저녁에 그 날의 운세를 점친다는 것처럼 엉뚱한 것을 뜻해요.)

달 월

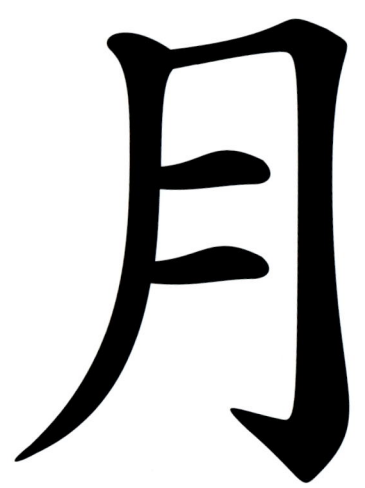

순서대로 따라 써 보세요. 총 4획

丿 几 月 月

일그러진 달의 모양을 본땄어요.

여섯 육

순서대로 따라 써 보세요. 총 4획

丶 一 ナ 六

양손가락을 각각 세 개씩 펼친 모양이에요.

두 이

순서대로 따라 써 보세요.

一 二

두 개를 나타낸 모양이에요.

사람 인

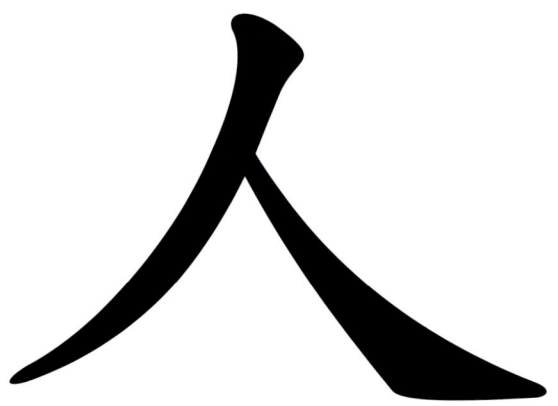

순서대로 따라 써 보세요.   총 2획

ノ 人

사람은 서로 의지하고 살아가야 한다는 뜻으로
기대어 선 두 사람의 모습을 본땄어요.

한 일

一

순서대로 따라 써 보세요. 총 1획

一

한 개를 나타낸 모양이에요.

날 일

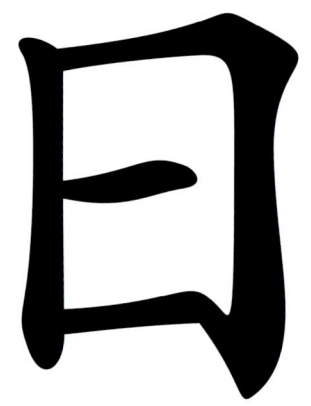

순서대로 따라 써 보세요. 총 4획

丨 刀 日 日

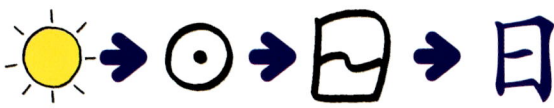

해의 모양을 본땄어요.

긴 · 어른 **장**

순서대로 따라 써 보세요. 총 8획

丨 冂 厂 F 토 토 퇹 長

수염과 머리가 긴 노인의 모습을 본땄어요.

아우 제

순서대로 따라 써 보세요. 총 7획

丶 丷 䒑 ⺷ 弟 弟

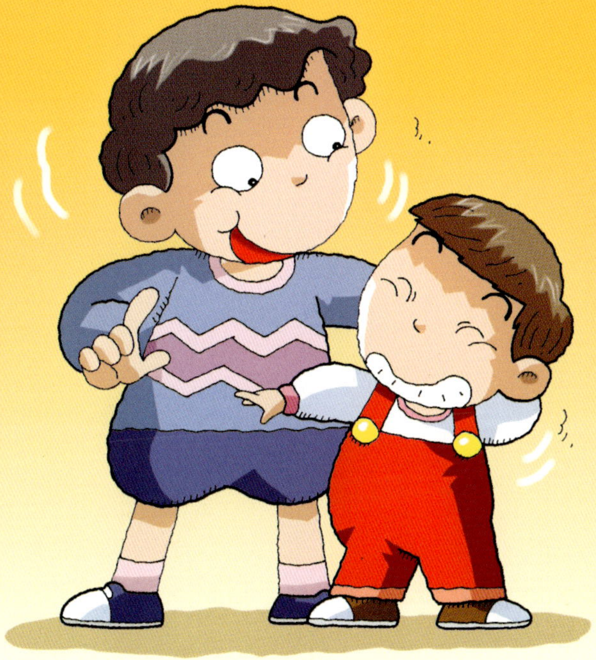

줄을 감은 막대기 아래쪽을 잡은 사람이
어린 아우라는 뜻이에요.

가운데 중

순서대로 따라 써 보세요. 총 4획

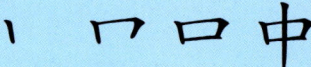

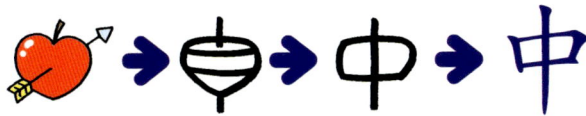

중심을 꿰뚫은 모양을 나타냈어요.

푸를 청

순서대로 따라 써 보세요. 총 8획

一 二 キ 主 丰 青 青

우물가의 초목이 푸르게 잘 자라나는 것을 나타냈어요.

마디 촌

순서대로 따라 써 보세요. 총 3획

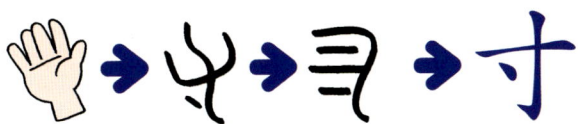

손끝에서 맥박이 잡히는 곳까지를
한 마디라고 한다는 것을 말해요.

일곱 칠

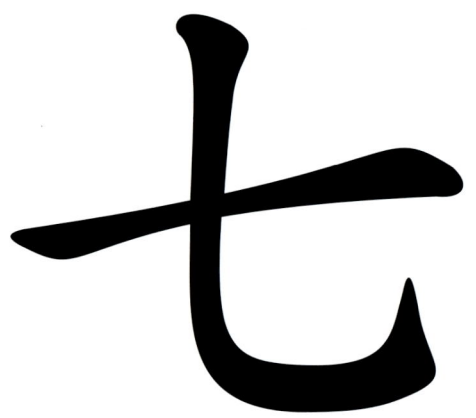

순서대로 따라 써 보세요.   총 2획

一 七

하늘[一=天]의 북두칠성을 나타냈어요.

흙 토

순서대로 따라 써 보세요. 총 3획

一 十 土

땅에서 올라온 싹의 모양을 본떴어요.

여덟 팔

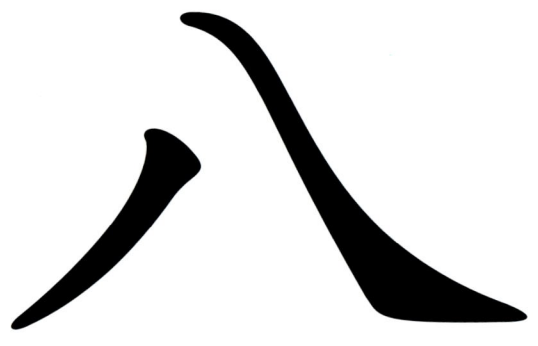

순서대로 따라 써 보세요.   총 2획

丿 八

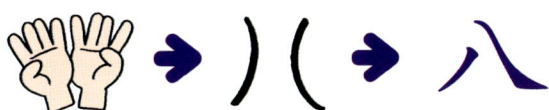

여덟 개를 나타낸 모양이에요.

배울 학

순서대로 따라 써 보세요. 총 16획

글을 배우는 아이들의 모습을 본땄어요.

한국 · 나라 **한**

순서대로 따라 써 보세요. 총 17획

一十十古古古直草草'草草草韩韩韩韓韓

해가 뜨는 동쪽의 우리나라를 나타냈어요.

형 형

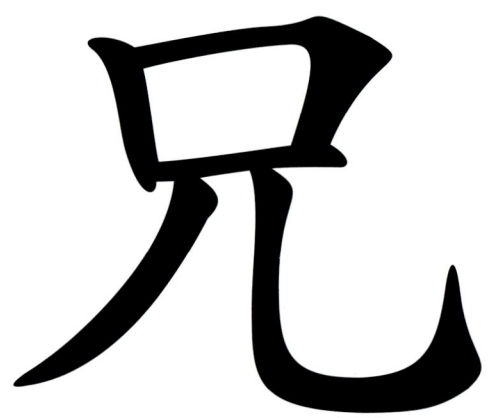

순서대로 따라 써 보세요. 총 5획

丨 口 口 尸 兄

어린 동생들을 타일러 바르게 이끄는 윗사람이라는 뜻이에요.

불 화

순서대로 따라 써 보세요.   총 4획

丶 丶丶 少 火

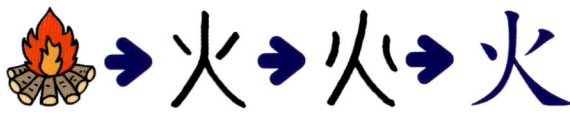

타오르는 불꽃의 모양을 본땄어요.

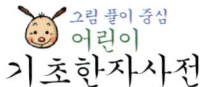
그림 풀이 중심
어린이
기초한자사전

한자능력 검정시험용
제7급 한자
100자

집 가

순서대로 따라 써 보세요.   총 10획

丶 丶 宀 宀 宀 宀 宀 家 家 家

해로운 뱀을 잡아먹는 돼지를 집에서 기른다는 것을 나타냈어요.

노래 가

순서대로 따라 써 보세요.   총 14획

一 丅 ㇒ 可 可 叮 픽 픔 픔 哥 哥 歌 歌 歌

입을 크게 벌려 노래하는 모양을 나타냈어요.

사이 간

間

순서대로 따라 써 보세요. 총 12획

丨 冂 冂 冃 闩 門 門 門 門 閒 閒 間

열린 문 사이로 햇빛이 비쳐드는 모양을 나타냈어요.

강 강

순서대로 따라 써 보세요. 총 6획

丶 丶 氵 汀 江 江

흐르는 물[水]의 뜻과 공(工)의 음을 합해 만들었어요.

수레 거(차)

순서대로 따라 써 보세요.　총 7획

一　厂　厅　百　百　亘　車

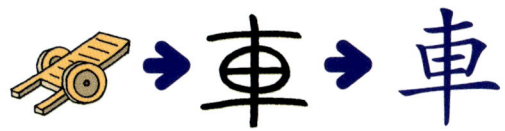

바퀴와 손잡이가 달린 수레 모양을 본땄어요.

장인 공

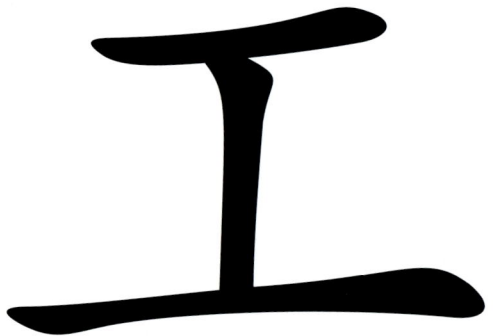

순서대로 따라 써 보세요.   총 3획

ㄱ ➜ ㄱ ➜ ㅗ

목수의 작업도구의 모양을 본땄어요.

빌 공

순서대로 따라 써 보세요.   총 8획

丶 丷 宀 宊 宊 空 空 空

속이 빈 구멍[穴]의 뜻과 공(工)의 음을 합쳐 만들었어요.

입 구

순서대로 따라 써 보세요. 총 3획

ㅣ ㄇ 口

입 벌린 모양을 본땄어요.

깃발 기

旗

순서대로 따라 써 보세요. 총 14획

丶 亠 亠 方 方 方 方 扩 斿 斿 旃 旃 旗 旗

사방으로 펄럭이는 깃발을 나타냈어요.

기록할 기

순서대로 따라 써 보세요. 총 10획

`、 亠 ㅗ 言 言 言 言 記 記 記`

言 + 己 → 記

말[言] 가운데 중요한 몸[己]이 되는 것을
기록한다는 것을 나타냈어요.

기운 기

氣

순서대로 따라 써 보세요. 총 10획

丿 𠂉 𠂉 气 气 氕 氖 氣 氣 氣

밥을 지을 때 피어오르는 김을 나타냈어요.

사내 남

순서대로 따라 써 보세요. 총 7획

丨 冂 冂 用 田 甼 男

밭에서 힘써 일하는 사람이 남자라는 뜻이에요.

안 내

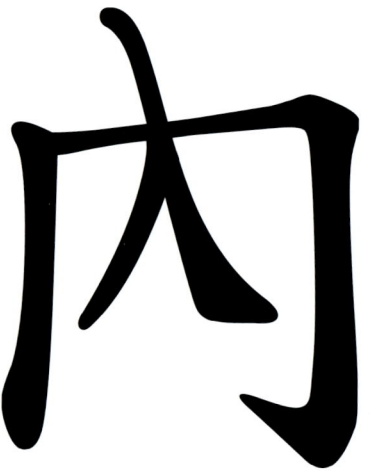

순서대로 따라 써 보세요.　총 4획

丨 冂 冄 内

집 안으로 들어간다는 것을 나타냈어요.

농사 농

순서대로 따라 써 보세요. 총 13획

丶 冂 冂 由 曲 曲 曲 芇 芇 芇 農 農 農

曲 + 辰 ➔ 農

새벽[辰]부터 허리 굽혀[曲] 열심히 일해야 하는
농사를 나타냈어요.

대답 답

순서대로 따라 써 보세요. 총 12획

丿 𠂉 𠂊 𠂋 𥫗 竹 竺 答 答 答 答 答

옛날 대나무에 글을 적어 전하는 것에서 비롯된 글자예요.
대나무[竹]의 뜻과 합(合)의 음을 더했어요.

길 · 말할 도

순서대로 따라 써 보세요. 총 13획

丶 丷 䒑 䒑 产 首 首 首 首 首 䏠 道

사람이 지나다녀 길이 된다는 것을 나타냈어요.
(마음에 으뜸 삼아야 할 도리를 뜻해요)

겨울 동

순서대로 따라 써 보세요. 총 5획

丿 ク 夂 冬 冬

서서히 얼음이 얼기 시작하는 계절을 뜻해요.

움직일 동

순서대로 따라 써 보세요.   총 11획

丿 一 千 台 台 台 盲 重 重 動 動

重 ➔ 力 ➔ 動

무거운 것을 힘을 들여 움직이게 한다는 뜻이에요.

한가지 · 같을 **동**

순서대로 따라 써 보세요.   총 6획

丨 冂 冃 同 同 同

冂 + 一 + 口 → 同

성의 입구 한 곳으로 다같이 다닌다는 것을 나타냈어요.

고을 동 · 밝을 통

순서대로 따라 써 보세요.　총 9획

丶 丶 氵 氵 汀 洞 洞 洞 洞

水 + 同 ➜ 洞

한 우물물을 먹고 사는 사람들이 모여 사는 마을을 뜻해요.

오를 등

순서대로 따라 써 보세요. 총 12획

丿 ㇇ 癶 癶 癶 癶 癶 登 登 登 登 登

癶 + 豆 ➡ 登

걸어서 콩밭에 오른다는 것을 나타냈어요.

올 래

순서대로 따라 써 보세요. 총 8획

一 ㄱ ㄷ ㄸ ㅉ 来 來 來

보리가 하늘에서 왔다는 뜻으로 보리 이삭의 모습을 본땄어요.

힘 력

순서대로 따라 써 보세요. 총 2획

ㄱ 力

팔을 굽혀 힘쓰는 모습을 본떴어요.

늙을 로

순서대로 따라 써 보세요. 총 6획

一 十 土 耂 耂 老

지팡이를 짚은 노인의 모습을 나타냈어요.

마을 리

순서대로 따라 써 보세요. 총 7획

丨 冂 冃 日 旦 甲 里

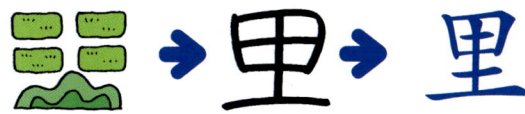

사람들이 논밭을 이루고 모여 사는 마을을 나타냈어요.

수풀 림

순서대로 따라 써 보세요.　총 8획

一 十 才 才 木 杧 材 林

많은 나무들이 늘어선 모양을 나타냈어요.

설립

순서대로 따라 써 보세요. 총 5획

丶 亠 二 ㄠ 立

바로 서 있는 사람의 모습을 본땄어요.

매양 매

순서대로 따라 써 보세요. 총 7획

丿 ㇏ 仁 ㇳ 每 每 每

人 + 母 ➡ 每

어머니가 자식을 사랑하는 맘처럼 늘 한결같음을 나타냈어요.

낯 면

순서대로 따라 써 보세요. 총 9획

一 丆 丆 丙 而 而 面 面

얼굴 모습을 본땄어요.

이름 명

순서대로 따라 써 보세요.   총 6획

ノクタタ名名

해 지는 저녁이면 아이를 집으로 불러들이기 위해
이름을 부른다는 것을 나타냈어요.

목숨 명

순서대로 따라 써 보세요. 총 8획

ノ 人 亼 今 合 合 命 命

무릎을 꿇어 임금께 아뢰는 신하의 모습을 나타냈어요.

물을 문

問

순서대로 따라 써 보세요. 총 11획

丨 冂 冂 冃 冃 門 門 門 問 問 問

問 ➔ 問 ➔ 問

손님이 문을 열며 안부를 묻는다는 것을 뜻해요.

글월 문

순서대로 따라 써 보세요. 총 4획

丶 一 亠 文

잘 짜여진 그물처럼 잘 쓰여진 문장을 나타냈어요.

물건 물

순서대로 따라 써 보세요. 총 8획

丿 ㇒ 牛 牛 牜 牞 物 物

牛 + 勿 ➜ 物

옛날에는 소를 팔아 다른 물건을 장만했다는 것을 나타냈어요.

모 방

순서대로 따라 써 보세요.   총 4획

丶 亠 亍 方

쟁기로 밭을 갈고 있는 모양을 본땄어요.

일백 백

순서대로 따라 써 보세요. 총 6획

一 ア 了 万 百 百

一 + 白 ➜ 百

백(百)의 음에 일(一)을 합쳐 만들었어요.

지아비 부

순서대로 따라 써 보세요. 총 4획

一 二 キ 夫

귀히 대접하며 섬기는 지아비를 하늘[天] 보다 높게 나타냈어요.

아닐 불·부

순서대로 따라 써 보세요. 총 4획

一 丆 not 不

새가 나뭇가지를 물고 날아가는 모습을 본떴어요.
한 가지[一]의 작은[小] 잘못도 하지 말라는 뜻이에요.

일 사

순서대로 따라 써 보세요.   총 8획

一 丆 亓 म 马 亐 亐 写 事

一 + 口 + ㅋ + ㅣ → 事

먹고 살기 위해 열심히 일한다는 뜻이에요.

셈 산

算

순서대로 따라 써 보세요. 총 14획

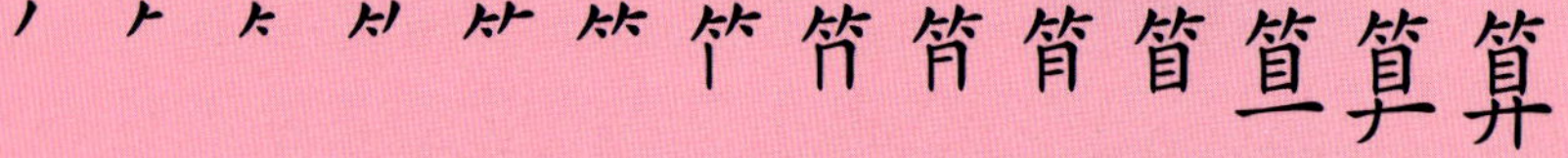

丿 ㇒ ⺮ ⺮ 竹 竹 竹 笁 笁 筲 筲 筲 算 算

산가지로 수를 센다는 것을 나타냈어요.

윗 상

순서대로 따라 써 보세요. 총 3획

一 丨 上

어떤 기준이 되는 것 위에 있다는 것을 나타내고 있어요.

빛 색

순서대로 따라 써 보세요. 총 6획

丿 ⺈ 刍 刍 刍 色

무릎을 구부린 모양을 본땄어요.
(관절이 제자리에서 역할을 해야만 몸을 자유롭게 움직이듯이
얼굴빛에 따라 마음의 움직임이 드러난다는 뜻이에요.)

저녁 석

순서대로 따라 써 보세요.   총 3획

ノ 夕 夕

저녁 하늘 반달의 모양을 본땄어요.

성씨 성

姓

순서대로 따라 써 보세요. 총 8획

く 女 女 女 女= 姓 姓

여자가 아이를 낳아 성씨를 갖게 된다는 뜻이에요.

인간 · 세상 세

순서대로 따라 써 보세요. 총 5획

一 十 卄 丗 世

세대가 어울려 세상을 이룬다는 뜻이에요.

적을 소

순서대로 따라 써 보세요. 총 4획

丿 小 小 少

부스러기를 털어내고 나면 남는 게 적다는 것을 나타냈어요.

곳 · 바 소

所

순서대로 따라 써 보세요. 총 8획

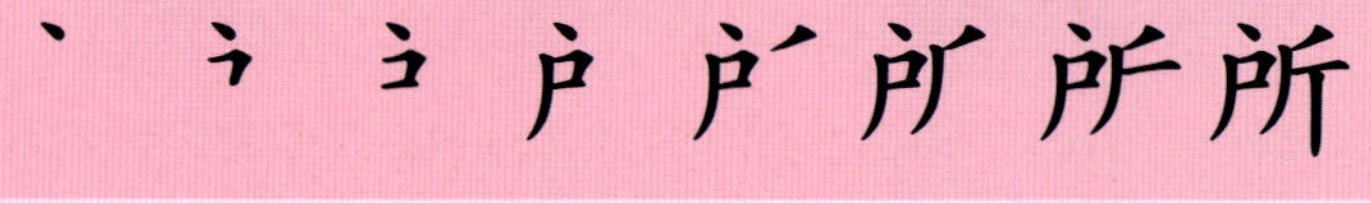

丶 亠 亍 戶 戶 所 所 所

戶 + 斤 ➔ 所

집[戶]의 도끼[斤]는 안전한 곳에 보관해야 한다는 뜻이에요.

손 수

手

순서대로 따라 써 보세요. 총 4획

丿 二 三 手

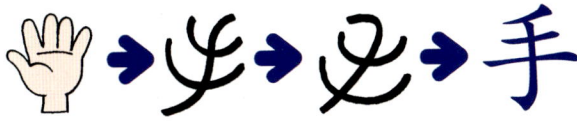

손의 모양을 나타냈어요.

셈 수

순서대로 따라 써 보세요.   총 15획

丶 冂 冃 甲 日 串 吕 串 曲 曹 婁 婁 婁 數 數

→ 數 → 數 → 數

여자가 조개를 실에 꿰어 수를 세는 것을 나타냈어요.

때 시

時

순서대로 따라 써 보세요.　총 10획

丨 冂 冃 日 日⁻ 日⁺ 旷 昿 時 時

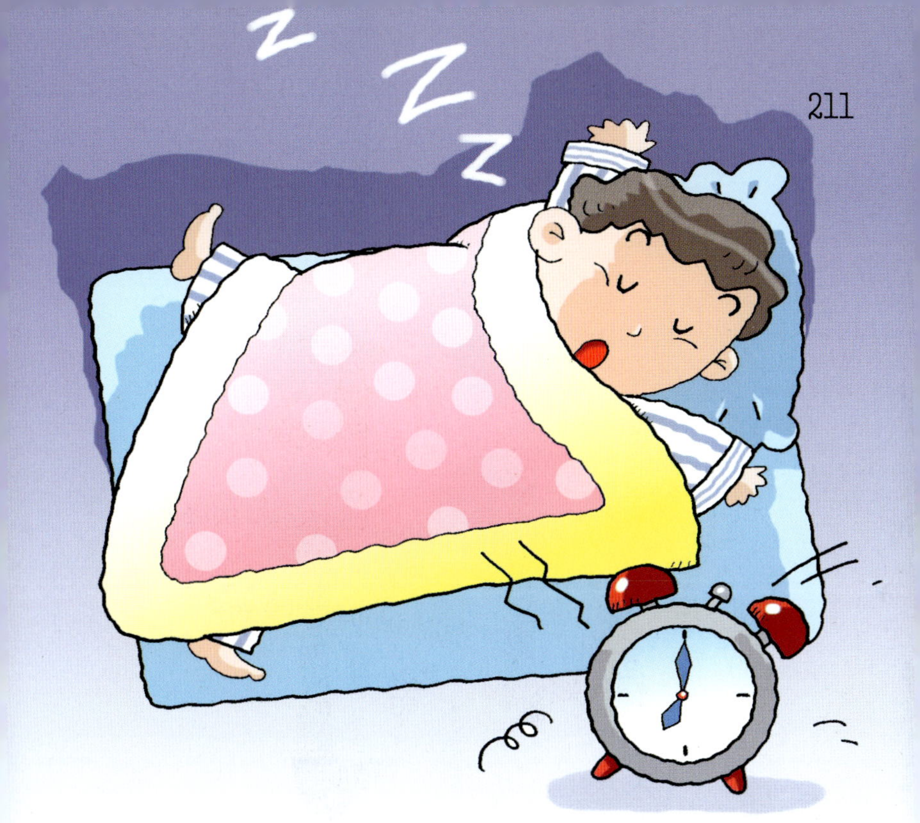

時

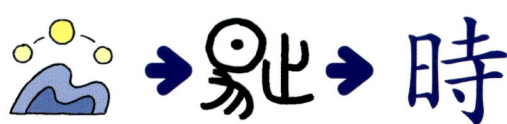

날마다 해가 뜨고 지는 것처럼 규칙적인 것을 뜻해요.

시장 시

순서대로 따라 써 보세요.   총 5획

丶 一 亠 亣 市

一 + 巾 ➜ 市

머리에 수건을 두르고 장에 가는 것을 나타냈어요.

심을 식

植

순서대로 따라 써 보세요. 총 12획

一 十 才 木 木 杧 柠 柿 植 植 植 植

木 + 直 ➜ 植

나무[木]를 곧게[直] 심는다는 뜻이에요.

밥 · 먹을 식

순서대로 따라 써 보세요. 총 9획

丿 人 𠆢 今 亽 仌 食 食 食

밥이 가득 담긴 밥그릇 모양을 본땄어요.

마음 심

순서대로 따라 써 보세요. 총 4획

丶 心 心 心

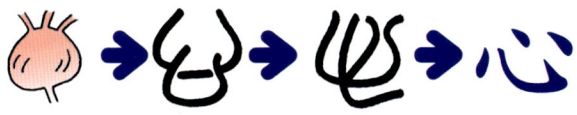

심장의 모양을 본따 마음을 나타냈어요.

편안 안

순서대로 따라 써 보세요. 총 6획

丶 丷 宀 宊 安 安

집안은 여자가 잘 보살펴야 평안하다는 것을 나타냈어요.

말씀 어

순서대로 따라 써 보세요.   총 14획

丶 亠 ニ 三 言 言 言 訁 訐 語 語 語 語 語

言 + 吾 ➜ 語

내 [吾]가 생각한 바를 말한다[言]는 뜻이에요.

224

그럴 연

순서대로 따라 써 보세요. 총 12획

丿 勹 夕 夕 夕 ダ 夕ㅏ 쓌 쒔 铁 然 然

燃 → 然 → 然

고기를 불에 구워 먹는 것처럼 당연한 것을 뜻해요.

낮 오

午

순서대로 따라 써 보세요. 총 4획

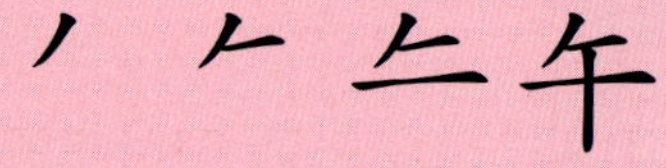

丿 丶 ㄈ 午

막대기를 세워 나타나는 그림자로 점심때를 안다는 뜻이에요.

오를 · 오른 우

순서대로 따라 써 보세요. 총 5획

一 ナ 大 右 右

말하는 대로 잘 움직여 주는 손은 오른쪽이라는 뜻이에요.

있을 유

순서대로 따라 써 보세요. 총 6획

一 ナ 才 冇 有 有

고깃덩이를 든 손의 모양을 본떴어요.

232

기를 육

순서대로 따라 써 보세요.   총 8획

`丶 亠 亠 云 产 产 育 育 育`

어머니가 정성을 다해 아기를 기른다는 것을 뜻해요.

고을 읍

순서대로 따라 써 보세요.   총 7획

丨 口 口 굔 뮤 뮴 邑

경계를 두고 사람들이 모여 사는 모습을 본땄어요.

들 입

순서대로 따라 써 보세요. 총 2획

허리를 숙이며 안으로 들어서는 모습을 본땄어요.

아들 자

순서대로 따라 써 보세요. 총 3획

ㄱ 了 子

두 팔 벌린 아기의 모습을 본땄어요.

글자 자

순서대로 따라 써 보세요.   총 6획

丶 丷 宀 宀 宇 字

아이가 태어나 식구가 늘듯 획을 더해
많은 글자를 만들어 낸다는 것을 나타냈어요.

스스로 자

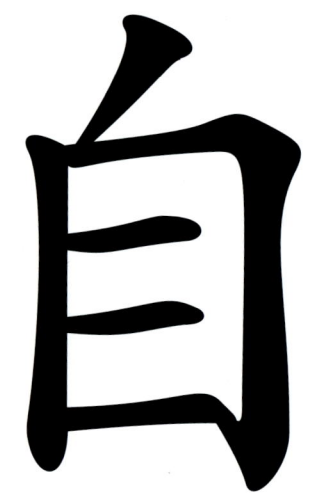

순서대로 따라 써 보세요. 총 6획

′ 丨 勹 白 自 自

스스로를 가리킬 때 코끝을 가리키므로 코의 모습을 본땄어요.

마당 장

순서대로 따라 써 보세요. 총 12획

一 十 土 圩 圯 圯 坦 坦 垣 埸 場 場

햇볕 잘 드는 넓은 양지를 나타냈어요.

온전 전

순서대로 따라 써 보세요.   총 6획

ノ 入 스 슥 슈 全

온전한 옥을 추려내는 모습을 나타냈어요.

앞 전

순서대로 따라 써 보세요.   총 9획

丶 丷 䒑 广 疒 肀 肖 前 前

묶여 있던 나룻배의 줄을 잘라 앞으로 나아가게 한다는 뜻이에요.

250

번개 전

순서대로 따라 써 보세요. 총 13획

一 丁 гТ 冖 兩 兩 雷 雷 雪 雪 雪 雷 電

閃 ➜ 電 ➜ 電

비가 내릴 때 빛을 내는 번개를 나타냈어요.

바를 정

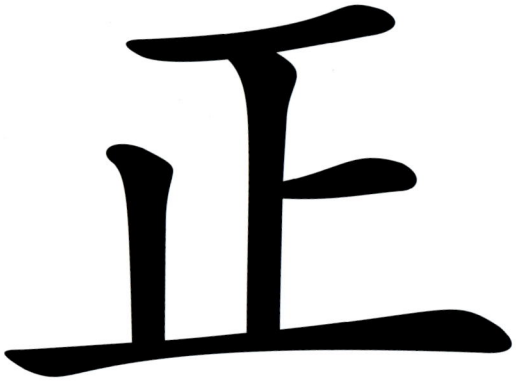

순서대로 따라 써 보세요.   총 5획

一 丁 下 正 正

一 + 止 → 正

하나뿐인 양심에 그쳐 행하는 올바른 뜻을 말해요.

할아비 · 조상 조

순서대로 따라 써 보세요. 총 10획

一 二 丁 亓 示 礻 利 初 沮 祖

조상님께 제를 올리는 것을 나타냈어요.

발 족

순서대로 따라 써 보세요. 총 7획

ㅣ ㅁ ㅁ ㅁ ㅁ ㅁ 足

무릎을 구부린 발모양을 본땄어요.

왼 좌

순서대로 따라 써 보세요. 총 5획

一 ナ 九 ナ 左

장인[工]이 도구를 쥐고 있는 왼손의 모양을 본땄어요.

임금 · 주인 **주**

순서대로 따라 써 보세요.   총 5획

丶 一 二 キ 主

집의 중심에 놓인 등불처럼 집안의 중심이 되어야 하는 사람이 주인이라는 것을 나타냈어요.

살 주

순서대로 따라 써 보세요. 총 7획

ノ 亻 亻 亻 仁 住 住

人 + 主 ➜ 住

사람[人]이 주인[主]으로 머물러 산다는 뜻이에요.

무거울 중

순서대로 따라 써 보세요. 총 9획

丿 一 𠂉 一 𠂇 𠂆 亠 重 重

千 + 里 ➜ 重

천(千) 가마의 쌀을 마을[里]로 옮기려니
무겁다는 것을 나타냈어요.

땅 지

순서대로 따라 써 보세요.   총 6획

一 十 土 圵 地 地

土 + 也 ➜ 地

흙이 곧 땅이라는 것을 나타냈어요.

종이 지

순서대로 따라 써 보세요.　총 10획

丿 乡 幺 牟 糸 糸 紀 紅 紙 紙

糸 + 氏 ➜ 紙

실로 옷감을 짜듯 만들어진 종이를 나타냈어요.

곧을 직

直

순서대로 따라 써 보세요.   총 8획

一 十 十 冇 古 吉 盲 盲 直

恵 ➔ 直 ➔ 直

자신을 지켜보는 시선이 있으면
헛되이 행동할 수 없다는 것을 나타냈어요.

일천 천

순서대로 따라 써 보세요. 총 3획

팔을 머리 위로, 가슴 위로 댄 모양을 본땄어요.
(많다는 것을 나타냈어요.)

하늘 천

순서대로 따라 써 보세요. 총 4획

一 二 千 天

사람의 머리 위쪽이 하늘이라는 것을 나타냈어요.

내 천

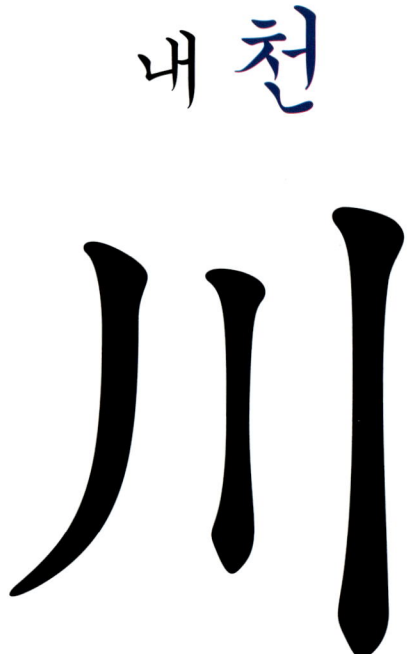

순서대로 따라 써 보세요. 총 3획

丿 丿丨 川

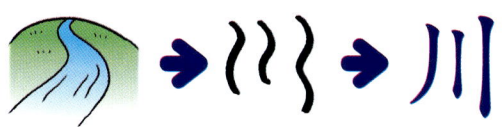

굽이쳐 흐르는 물줄기를 본땄어요.

풀 초

순서대로 따라 써 보세요. 총 10획

一 十 卝 艹 艹 艼 芇 苩 苴 草

艸 + 早 → 草

풀의 모양을 본뜬 초두머리(艸)와 새벽을 나타내는 조(早)라는 글자의 음을 합쳐 풀을 나타냈어요.

마을 촌

순서대로 따라 써 보세요.   총 7획

一 十 扌 扌 朩 村 村

木 + 寸 ➔ 村

나뭇가지로 울타리를 만들며 모여 사는 마을을 나타냈어요.

가을 추

순서대로 따라 써 보세요. 총 9획

丿 二 千 千 禾 禾 秋 秋 秋

가을 들판의 벼가 여름 내내 불 같은 볕을 받아
익는다는 것을 뜻해요.

봄 춘

순서대로 따라 써 보세요. 총 9획

一 二 三 丰 弄 夬 表 春 春 春

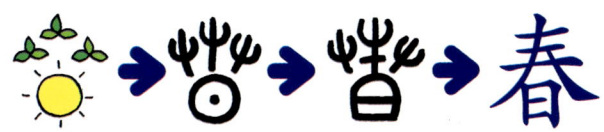

봄볕을 받아 만물이 소생하는 것을 나타냈어요.

날 출

出

순서대로 따라 써 보세요.   총 5획

丨 ㄴ 屮 出 出

싹이 터오르는 모습을 본땄어요.

편할 편 · 똥 오줌 변

순서대로 따라 써 보세요.   총 9획

丿 亻 亻 佢 佢 佢 佢 便 便

人 + 更 ➜ 便

사람[人]이 고쳐[更] 쓰니 편해진다는 뜻이에요.

평평할 평

순서대로 따라 써 보세요.   총 5획

一 ㇒ ㇏ 工 平

干 + 八 ➜ 平

평평한 방패의 모양을 나타냈어요.

아래 하

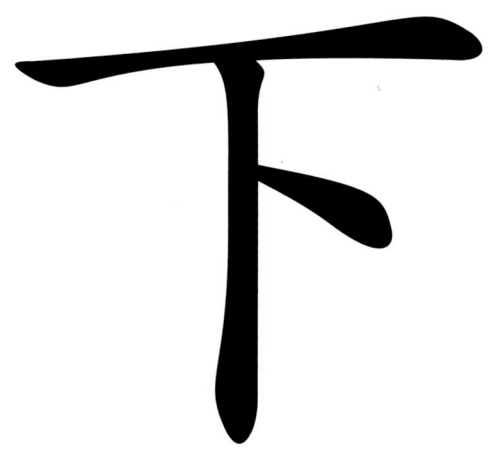

순서대로 따라 써 보세요. 총 3획

어떤 기준이 되는 것 아래에 있다는 것을 나타냈어요.

여름 하

夏

순서대로 따라 써 보세요. 총 10획

一 丁 丆 丅 丆 百 百 頁 夏 夏

머리가 점점 둔해질만큼 더운 계절, 여름을 뜻해요.

한나라 한

漢

순서대로 따라 써 보세요.　총 14획

丶丶氵冫汁汁泄泄泄浩浩浩漢漢

漢 → 漢 → 漢

양자 강 상류의 하천 유역에 나라를 세운 한나라를 뜻해요.

바다 해

순서대로 따라 써 보세요. 총 10획

丶 丶 氵 氵 汀 汇 海 海 海 海

水 + 每 ➔ 海

물[水]이 늘[每] 차 있는 곳이 바다[海]라는 뜻이에요.

꽃 화

花

순서대로 따라 써 보세요. 총 8획

一 十 卄 艹 艹 花 花 花

풀[艸]의 뜻과 화(化)의 음을 합쳐 만들었어요.

말씀 화

순서대로 따라 써 보세요. 총 13획

丶 亠 亍 㐰 言 言 言 訁 訢 話 話 話 話

言 + 舌 ➜ 話

혀[舌]로 어질고 착한 말[言]을 하라는 뜻이에요.

살 활

活

순서대로 따라 써 보세요.   종 9획

丶 丶 氵 氵 氵 汗 汗 活 活

水 + 舌 ➜ 活

물[水]과 혀[舌]처럼 활기차게 움직이며 산다는 뜻이에요.

효도 효

순서대로 따라 써 보세요. 총 7획

一 十 土 耂 考 考 孝

아들이 어버이를 업은 모습을 나타냈어요.

뒤 후

순서대로 따라 써 보세요. 총 9획

丿 ㄅ 彳 彳 衤 彳 衤 後 後

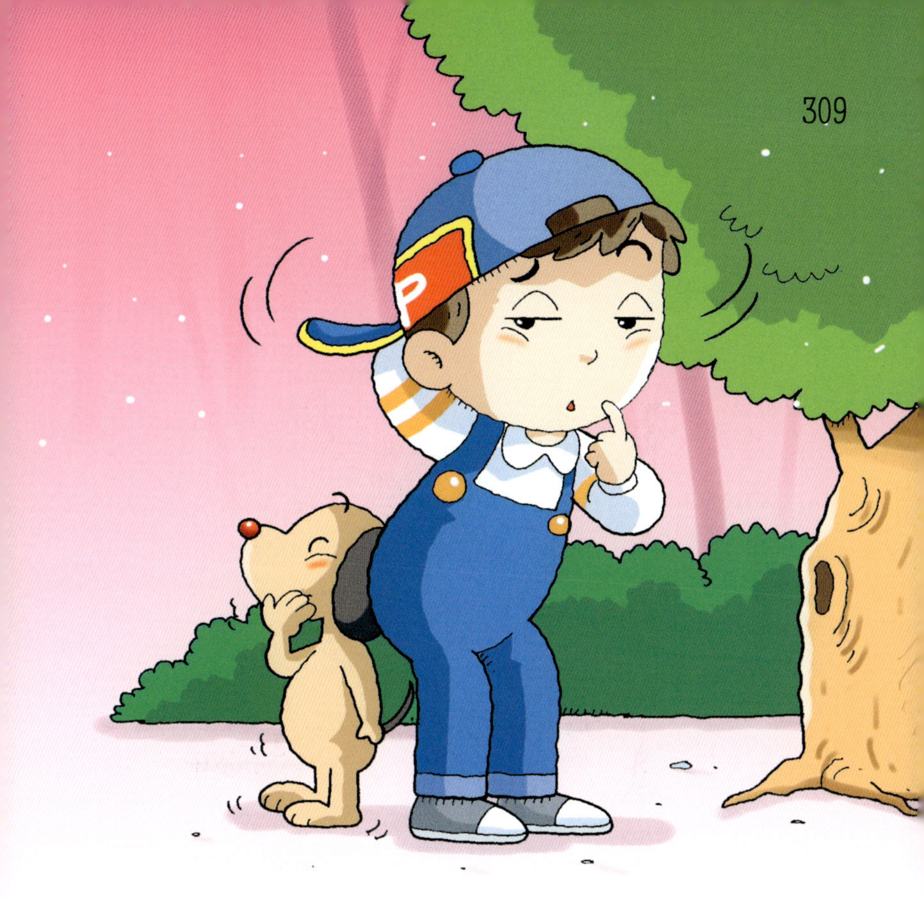

後

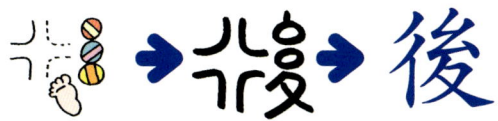

실을 짜는 것이나 뒷걸음질치는 것처럼 더디다는 것을 나타냈어요.

쉴 휴

순서대로 따라 써 보세요.   총 6획

ノ イ 亻 仁 什 休

나무 그늘에 앉아 쉬는 모양을 나타냈어요.

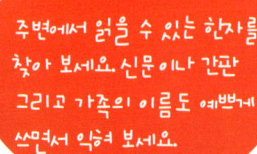

그림 풀이 중심
어린이
기초한자사전

한자로 된
낱말과 풀이

가수 歌手 노래하는 것을
직업으로 삼은 사람

강촌 江村

강가 마을

농부 農夫

농사를 직업으로 삼은 사람

동색 同色

같은 색깔

매일 每日 매 하루

부자 父子

아버지와 아들

조국 祖國

자기가 태어난 나라

조모
祖母
할머니

효도 孝道

웃어른을 공경하고
도리를 다함

그림 풀이 중심
어린이
기초한자사전

반대어와 상대어

대소 大小

크고 작음

형제
兄弟

형과 아우

해와 달, 낮과 밤
일월 日月

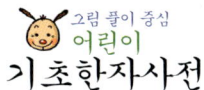

그림 풀이 중심
어린이
기초한자사전

그림 속
한자찾기

인간 人間

군사 軍 군

백성 民 민

장인 工 공

임금 王 왕

그림 풀이 중심
어린이
기초한자사전

찾아보기

8급 한자 50자

훈	음	한자	쪽
학교	교	校	10
가르칠	교	敎	12
아홉	구	九	14
나라	국	國	16
군사	군	軍	18
쇠	금	金	20
성	김	金	20
남녘	남	南	22
계집	녀	女	24
해	년	年	26
큰	대	大	28
동녘	동	東	30
일만	만	萬	32
어미	모	母	34
나무	목	木	36
문	문	門	38
백성	민	民	40
흰	백	白	42
아비	부	父	44
북녘	북	北	46
달아날	배	北	46
넉	사	四	48
뫼	산	山	50
석	삼	三	52
날	생	生	54
서녘	서	西	56
먼저	선	先	58
작을	소	小	60
물	수	水	62
집	실	室	64
열	십	十	66
다섯	오	五	68
임금	왕	王	70
바깥	외	外	72
달	월	月	74
여섯	육	六	76
두	이	二	78
사람	인	人	80
한	일	一	82
날	일	日	84
긴	장	長	86
아우	제	弟	88
가운데	중	中	90
푸를	청	靑	92
마디	촌	寸	94
일곱	칠	七	96
흙	토	土	98
여덟	팔	八	100
배울	학	學	102
한국	한	韓	104
나라	한	韓	104
형	형	兄	106
불	화	火	108

7급 한자 100자

집	가	家	112	마을	리	里		160
노래	가	歌	114	수풀	림	林		162
사이	간	間	116	설	립	立		164
강	강	江	118	매양	매	每		166
수레	거	車	120	낯	면	面		168
수레	차	車	120	이름	명	名		170
장인	공	工	122	목숨	명	命		172
빌	공	空	124	물을	문	問		174
입	구	口	126	글월	문	文		176
깃발	기	旗	128	물건	물	物		178
기록할	기	記	130	모	방	方		180
기운	기	氣	132	일백	백	百		182
사내	남	男	134	지아비	부	夫		184
안	내	內	136	아닐	부	不		186
농사	농	農	138	아닐	불	不		186
대답	답	答	140	일	사	事		188
길	도	道	142	셈	산	算		190
말할	도	道	142	윗	상	上		192
겨울	동	冬	144	빛	색	色		194
움직일	동	動	146	저녁	석	夕		196
한가지	동	同	148	성	성	姓		198
같을	동	同	148	인간	세	世		200
고을	동	洞	150	적을	소	少		202
밝을	동	洞	150	곳	소	所		204
오를	등	登	152	바	소	所		204
올	래	來	154	손	수	手		206
힘	력	力	156	셈	수	數		208
늙을	로	老	158	때	시	時		210

시장	시	市	212
심을	식	植	214
먹을	식	食	216
밥	식	食	216
마음	심	心	218
편안할	안	安	220
말씀	어	語	222
그럴	연	然	224
낮	오	午	226
오른	우	右	228
옳을	우	右	228
있을	유	有	230
기를	육	育	232
고을	읍	邑	234
들	입	入	236
아들	자	子	238
글자	자	字	240
스스로	자	自	242
마당	장	場	244
온전	전	全	246
앞	전	前	248
번개	전	電	250
바를	정	正	252
조상	조	祖	254
할아비	조	祖	254
발	족	足	256
왼	좌	左	258
임금	주	主	260

주인	주	住	260
살	주	住	262
무거울	중	重	264
땅	지	地	266
종이	지	紙	268
곧을	직	直	270
일천	천	千	272
하늘	천	天	274
내	천	川	276
풀	초	草	278
마을	촌	村	280
가을	추	秋	282
봄	춘	春	284
날	출	出	286
편할	편	便	288
똥오줌	변	便	288
평평할	평	平	290
아래	하	下	292
여름	하	夏	294
한나라	한	漢	296
바다	해	海	298
꽃	화	花	300
말씀	화	話	302
살	활	活	304
효도	효	孝	306
뒤	후	後	308
쉴	휴	休	310

한자로 된 낱말과 풀이

가수	歌手	314	세상	世上	330
강촌	江村	315	소년	少年	331
교육	敎育	316	수족	手足	332
국어	國語	317	식구	食口	333
노소	老少	318	오전	午前	334
농부	農夫	319	왕자	王子	335
동색	同色	320	외국	外國	336
등산	登山	321	인간	人間	337
매일	每日	322	정직	正直	338
부자	父子	323	조국	祖國	339
부족	不足	324	조모	祖母	340
사방	四方	325	주소	住所	341
산천	山川	326	추석	秋夕	342
생명	生命	327	학교	學校	343
선생	先生	328	활동	活動	344
성명	姓名	329	효도	孝道	345

반대어와 상대어

강산	江山	348	동서	東西	355
교학	敎學	349	문답	問答	356
남녀	男女	350	일월	日月	357
남북	南北	351	상하	上下	358
대소	大小	352	선후	先後	359
출입	出入	353	전후	前後	360
형제	兄弟	354	좌우	左右	361

그림 속 한자 찾기

가족	家族 (祖父母兄弟)	364
인간	人間 (王軍民工夫子男女長)	366
일주일	一週日 (月火水木金土日)	368
계절	季節 (春夏秋冬)	370
숫자	數字 (一二三四五六七八九十百千萬)	372
자연	自然 (山江海川林花草農村邑里道場)	374
위치	位置 (東西南北上中下左右前後內外)	376

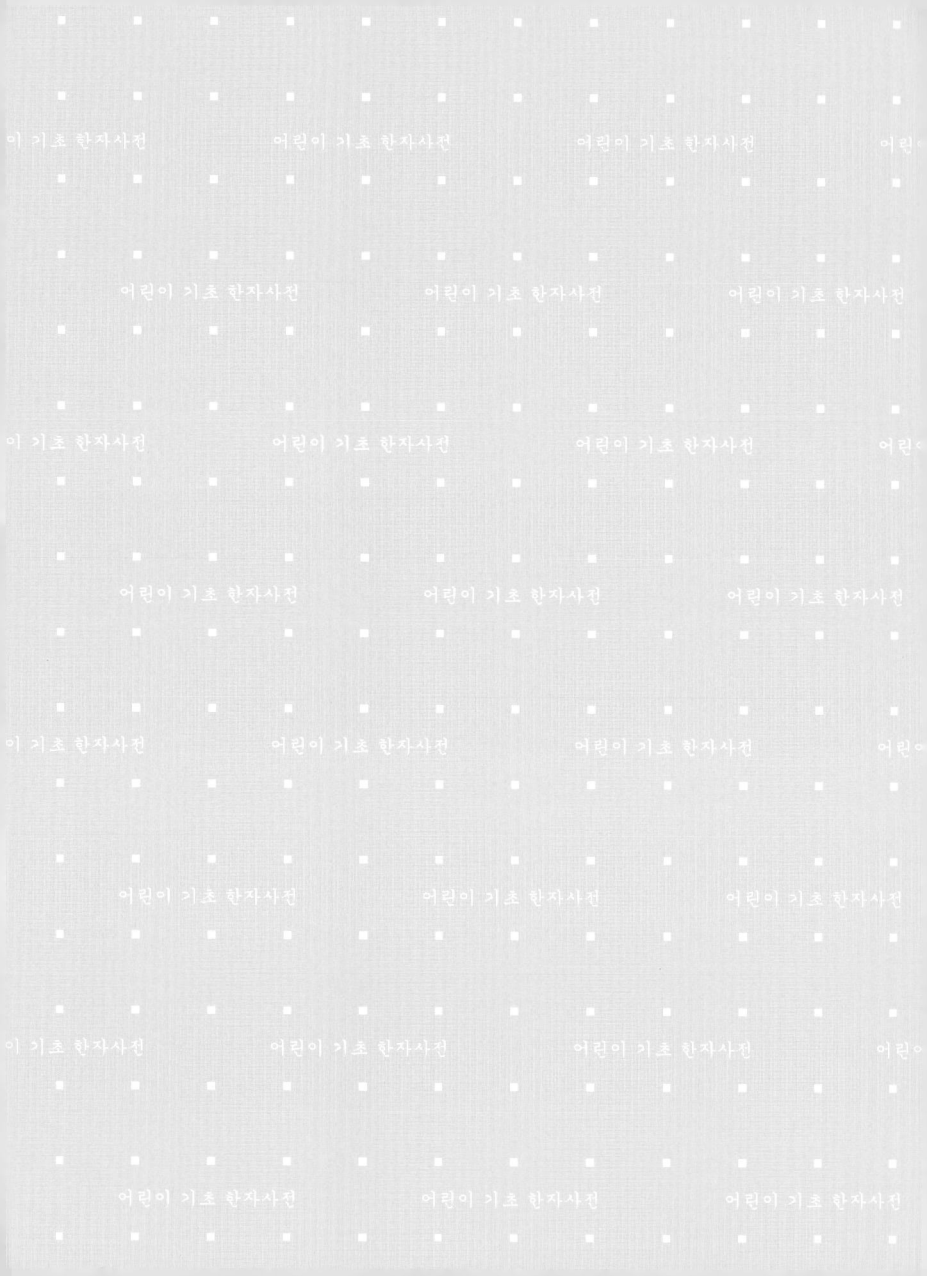